CARAN D'ACHE

JUIN 1898

PARIS. — IMPRIMERIE GEORGES PETIT

12, RUE GODOT-DE-MAUROI, 12

CATALOGUE

DES

AQUARELLES

DESSINS & CROQUIS

PAR

Caran d'Ache

DONT LA VENTE AURA LIEU

HOTEL DROUOT, Salle N° 1

Le Jeudi 30 Juin 1898

A DEUX HEURES

COMMISSAIRE-PRISEUR	EXPERT
Mᵉ PAUL CHEVALLIER	**M. GEORGES PETIT**
10, Rue Grange-Batelière.	*12, Rue Godot-de-Mauroi.*

EXPOSITION PUBLIQUE

Le Mercredi 29 Juin 1898

DE 1 HEURE 1/2 A 5 HEURES 1/2

CONDITIONS DE LA VENTE

Elle sera faite au comptant.

Les acquéreurs paieront *cinq pour cent* en sus des adjudications.

Désignation

AQUARELLES

1 — L'Indemnité de la guerre Turco-Grecque,
— L'Arrivage du premier million.

2 — Le Cauchemar du roi de Siam au retour
de sa tournée en Europe.

3 — Grenadier de la Garde Impériale russe,
1817.

4 — Guillaume Tell.

5 — L'Aigle d'Allemagne en Garde du Corps.

6 — La Sortie de la messe.

7 — Le Mauvais sujet.

8 — Le Conférencier.

9 — Le Triomphe du Coq gaulois. — Nouvelles de Peterhof.

10 — *Revue de la Semaine :*

    I. Naquet.
    II. Conflit hispano-américain.
    III. Vers Klondique !
    IV. Le Prince de Galles au chantier de l'Exposition.
    V. Application du nouveau compteur.

11 — Les Bizarreries du langage.

12 — L'Armée romaine.

13 — Les Premiers canons.

14 — L'Ère de la chevalerie.

15 — La Marseillaise.

16 — Les Cosaques.

17 — La Grève des choristes bavarois :

Toujours Lohengrin, toujours Lohengrin ! Il serait temps qu'on joue Guillaume Tell.

18 — *Revue de la Semaine :*

    I. La Chambre, le Sénat et l'affaire Dreyfus.

    II. La Prusse en Chine.

    III. Le Départ de M. de Morenheim.

    IV. L'Armée française, Édouard Detaille.

    V. Décorations étrangères.

    VI. Nouveautés automobiles.

    VII. A Prague.

    VIII. Encore Grecs et Turcs !

19 — L'Histoire du sergent de ville depuis l'âge le plus reculé jusqu'à nos jours.

20 — Hussards Ier Empire. (Fusain rehaussé d'aquarelle.)

21 — Soldat turc.

22 — L'Aigle d'Allemagne en tenue de général.

23 — L'Aigle d'Allemagne en tenue de campagne.

24 — Vedettes. (Lavis.)

25 — L'Infanterie en colonne. (Lavis.)

26 — I. Chef de bataillon.

II. Un caporal et quatre hommes.

27 — La Forêt vierge de l'ancienne Cour des Comptes.

28 — La Guerre Turco - Grecque. *Le Correspondant :* « Tiens ! la bière est d'Allemagne aussi ! »

29 — Les Législateurs célèbres :

I. Moïse.

II. Solon et Crésus.

III. Alexandre Le Grand.

IV. Louis XI.

V. Richelieu.

VI. Louis XIV.

VII. Napoléon.

VIII. Cambronne.

30 — Le Baron de Munschausen.

31 — Le Vieil enfant.

32 — Crispi, le vieil Hercule.

33 — Les Brigands corses. (Projet d'opéra comique.)

34 — Les Exercices de l'armée turque.

35 — Le Courage à travers les âges.

36 — Les Grands capitaines.

37 — L'Atavisme. (Monologue de poivrot.)

38 — Jour de fête. — Préparatifs pour la réception d'Arton dans sa prison.

39 — Le Café du Planteur.

40 — L'Armée de l'Alliance.

41 — Carré de grenadiers de la Garde.

42 — Dîner de famille.

    I. Il est convenu qu'on ne parlera pas de l'affaire Dreyfus.

    II. Ils en ont parlé !!!

43 — L'Homme et la Peinture. — Pourquoi l'homme regarde-t-il lorsqu'ils sont peints...

    I. Un melon,
    II. Les pommes,
    III. Les fleurs,
    IV. Un mouton,
    V. Une vache,
    VI. Un chemineau,
    VII. Alors qu'il ne daigne même pas les regarder quand ils sont vrais?

44 — Avant le voyage de Russie. — La Magie à l'Élysée.

45 — Le Cortège du Bœuf gras.

46 — Voyage en Russie. — La Galerie des bustes à Peterhof.

47 — Le Concert Européen.

48 — Napoléon en campagne.

49 — Sous la neige.

5o — *Revue de la Semaine :*

> I. Le Président en voyage.
>
> II. Retour du prince Henri et les duels italiens.
>
> III. Plus de pourboire.
>
> IV. Saisie des photographies de Clara Ward.
>
> V. Les Lapins de Sarah à Belle-Isle.
>
> VI. Nouveau décoré.

51 — Le Général et le Cerf-Volant. (Croquis rehaussé).

52 — Flirt.

53 — De Madrid à Moscou.

DESSINS

54 — Napoléon (fusain).

55 — L'Acteur qui joue le rôle de Napoléon.

56 — L'Acteur qui joue le rôle de Napoléon.

57 — L'Académie des agents de la Sûreté.

— 8 —

58 — L'Académie des agents de la Sûreté:

59 — La Veille de l'arrivée du Tzar.

    I. Le Président.
    II. Le Préfet de police.
    III. Le Chef du Protocole.
    IV. Le Sergent de ville.
    V. L'Agent de la Sûreté.
    VI. Le Mastroquet.

60 — La Veille de l'arrivée du Tzar.

    I. La Bonne de chez Duval.
    II. Le Camelot.
    III. M. Monjarret.
    IV. Le Pioupiou.
    V. Le Concierge qui a des fenêtres à louer.
    VI. Le Lion Britannique et l'Aigle d'Allemagne.

61 — Autour d'une cause célèbre.

62 — Moyens de diversion sous :

    I. Le Grand Empereur.
    II. Charles X.

63 — Moyens de diversion sous :

    I. Napoléon III.
    II. La République actuelle.

64 — Les Pantoufles de Marius.

65 — La Valse.

66 — Les deux routes différentes.

67 — Philosophe et son chien.

68 — Avant l'attaque.

Guerre de Gerolstein

69 — Jour du Grand-Prix ! — Et on part.

70 — Un bolide de Mars. Le rapport d'un savant espagnol : « Non seulement Mars est habité, mais j'affirme que ses habitants sont très dans le train. »

71 — Fantaisie sur les confetti.

72 — L'Ami des chiens.

73 — La Cannebière.

74 — Les Suiveurs.

75 — Marius et le roi du désert.

76 — Marius à la guerre.

77 — Marius et le revenant.

78 — Marius et l'émeute.

79 — Marius et le Panama.

80 — Marius à la chasse.

81 — Marius et le requin.

82 — La première peur de Marius ; le juge d'instruction.

83 — La Noce au Jardin d'Acclimatation.

84 — La Loi de la Femme :

    I. La Femme qui enferme les bottines.
    II. Le Tandem conjugal.
    III. Prisonnier pendant l'entr'acte.
    IV. La Maison que l'on fuit.

85 — La Loi de la Femme :

    I. Tu as fait des signes à l'actrice.
    II. Le Jour de madame.
    III. Les Petits paquets et le chien.
    IV. Détail du ménage.

86 — La Loi de la Femme :

    I. Chez le tailleur, l'étoffe choisie par madame.
    II. Lettre interceptée.
    III. Le second récepteur au téléphone.
    IV. La Femme de chambre choisie par madame.

87 — La Loi de la Femme :

    I. Les Manches à gigots.
    II. Le Cousin de madame.
    III. Le Supplice du strapontin.
    IV. La Mère de madame.

88 — Petite Plage :

    Le Portrait du colonel.
    — Ce n'est pas un colonel, c'est maman !

89 — L'École du salut militaire.

90 — Variations sur le thème : « Patientez un
    peu. »

91 — La Lettre de Napoléon à Murat, d'après
le texte du général Marbot.

92 — Les Suites d'un dîner diplomatique chez
M. Berthelot, ministre des affaires étran-
gères et grand chimiste, ou la fatale
erreur du cuisinier.

93 — L'Homme-protêt. Les Chèques d'Arton.

94 — Alfred et Gaston, ou l'homme qui n'aime
pas qu'on touche à son chapeau neuf.

95 — Le Chien du Mont Saint-Bernard, ou
l'homme qui fait le gelé pour avoir de
l'eau-de-vie.

96 — Le Cocktal de l'éléphant.

97 — Le Pôle Nord et ce qu'on y voit peut-être.

98 — Le Soldat automobile.

99 — *Revue de la Semaine :*

    I. Leçon de russe.

    II. La Diplomatie et la question d'Orient.

    III. Ballon d'Andrée.

    IV. Les Palmarès.

    V. Concours de trombones au Conservatoire.

    VI. Les Lapins inoculés.

    VII. Cléo en Amérique.

    VIII. La Chasse aux décorations étrangères.

    IX. Souvenir des bains de mer.

100 — Avant l'arrivée du Tzar.

    Entraînement hippique.

101 — Avant l'arrivée du Tzar.

    Entraînement hippique.

102 — Comédien et Tragédien. — Dialogue de Napoléon et de Pie VII.

103 — L'Officier allemand qui ne souffre pas de contradiction.

104 — L'Officier allemand qui ne souffre pas de contradiction.

105 — Les 25 ans de Marianne. — Histoire très abrégée de la 3ᵉ République.

105 *bis* — Les 25 ans de Marianne. — Histoire très abrégée de la 3ᵉ République.

106 — Pourquoi on allait en Crète ?

    I. Par l'attrait du voyage.
    II. Par l'amour du costume.
    III. Par la passion du cheval.
    IV. Parce qu'on a de petites dettes.
    V. Pour fuir la grosse échéance.
    VI. Pour expérimenter un nouvel explosif.
    VII. Pour fuir l'enfer.
    VIII. Parce qu'on n'a plus de crédit.
    IX. Après une banque rasoir.
    X. Par peur des coups.
    XI. Pour faire des petites affaires.
    XII. Parce qu'on a besoin d'un nouveau Garibaldi.

107 — Entre l'Europe et l'Amérique.

    I. Christophe Colomb.
    II. Hardi pionnier.
    III. L'Oncle d'Amérique.
    IV. Invasion des fiancés.
    V. Les Chercheurs de dots.
    VI. Le Bill Mac Kinley. (L'Amérique aux Américains.)

108 — Variations sur la poussière.

    I. Poussière de Paris.

    II. Microbes de la poussière.

    III. Faire de la poussière.

    IV. Sortir de la poussière.

    V. Mordre la poussière.

    VI. Poussière du siècle.

    VII. Noble poussière.

    VIII. Secouer la poussière des pieds.

    IX. Dompter la poussière.

    X. Regretter la poussière.

    XI. Abattre la poussière.

109 — Les Débuts du député musulman à la Chambre des députés.

ILLUSTRATIONS

Pour l'*Album de Koʒakokoff*.

110 — Ophélia.

111 — Lawn-Tennis.

112 — Le Général et le jeune Brésilien.

113 — Coquetterie.

114 — Le Retour du Général.

115 — Le Spectacle difficile.

116 — Le Général et sa petite famille.

117 — Professional Beauty.

118 — Le Sauveur d'Arkangel.

119 — Un Livre à dormir debout.

120 — Mélancolie.

121 — En diligence et en bateau

122 — Noirs et Blancs.

123 — La Pipe du Général.

124 — I. Prétendus.

II. Grave nouvelle.

125 — L'Arrivée à Paris du Général Kozakokoff.

126 — Les Frères d'armes après une longue séparation.

127 — Costumes de bal masqué.

128 — La Famille Kozakokoff.

129 — Le Défenseur d'Arkangel.

130 — La Famille brésilienne.

131 — Souvenirs d'Italie et d'Espagne.

132 — Une Fête costumée en Allemagne.

133 — Les Jeunes filles à marier.

134 — Combat de taureaux.

135 — Sans nouvelles du Général.

136 — Souvenir de voyage, Italie.

137 — Dans une ville d'eau à la mode.

138 — Le Général part en voyage.

139 — A Aix-les-Bains.

140 — La Réception de l'Archiduc.

CROQUIS

141 — Militaires, page de croquis.

142 — Don Juan.

143 — Napoléon intime.

144 — Napoléon intime.

145 — Cheval chanteur.

146 — Croquis variés.

147 — Au pays des Radjahs.

148 — Croquis variés.

149 — Croquis variés.

150 — Croquis variés.

151 — Croquis variés.

152 — Militaires.